EXAMEN CRITIQUE

DU PROJET DE LOI

SUR LA COMPÉTENCE

DES JUGES DE PAIX

PRÉSENTÉ A LA CHAMBRE DES DÉPUTÉS

LE 18 JANVIER 1878

Par MM. FLOQUET et PARENT (Savoie), députés

PAR

Ad. ROUSSEAU

Juge de paix du canton Nord de Dourdan (Seine-et-Oise)

PARIS

LIBRAIRIE NOUVELLE DE DROIT ET DE JURISPRUDENCE

ARTHUR ROUSSEAU

ÉDITEUR

14, rue Soufflot et rue Toullier, 13

1880

EXAMEN CRITIQUE

DU PROJET DE LOI

SUR LA

COMPÉTENCE DES JUGES DE PAIX

Paris. — Imp. E. Carionont et V. Rexallt, rue des Poitevins, 6.

EXAMEN CRITIQUE

DU PROJET DE LOI

SUR LA COMPÉTENCE

DES JUGES DE PAIX

PRÉSENTÉ A LA CHAMBRE DES DÉPUTÉS

LE 18 JANVIER 1878

Par MM. FLOQUET et PARENT (Savoie), députés

PAR

Ad. ROUSSEAU

Juge de paix du canton Nord de Dourdan (Seine-et-Oise)

———

PARIS

LIBRAIRIE NOUVELLE DE DROIT ET DE JURISPRUDENCE

ARTHUR ROUSSEAU

ÉDITEUR

14, rue Soufflot et rue Toullier, 13

—

1880

EXAMEN CRITIQUE

DU PROJET DE LOI

SUR LA

COMPÉTENCE DES JUGES DE PAIX

I

Considérations générales sur la nécessité d'étendre la compétence des tribunaux de paix.

Depuis la loi des 16-24 août 1790, à laquelle remonte l'institution des tribunaux de paix, le législateur n'a pas manqué, chaque fois qu'il a dû reviser les règles de cette juridiction, d'augmenter le taux de sa compétence, tant sans appel qu'à charge d'appel. Ainsi la loi du 25 mai 1838 a élevé le taux de la compétence, en matière purement personnelle et mobilière, de 50 francs à 100 francs; et à charge d'appel, de 100 francs à 200 francs. Dans les autres causes dont la connaissance est également attribuée au juge de paix, leur compétence, sans appel, a été portée, par la loi de 1838, de 50 à 100 francs en dernier ressort, et en premier ressort seulement, au-dessus de cette somme, à quelque valeur que la demande pût s'élever.

L'augmentation du taux de la compétence des justices de paix se justifiait par ce fait que le prix de toutes choses ayant doublé, depuis 1790, et la valeur de certains objets ayant même quintuplé, le taux primitif de la compétence avait cessé d'être en rapport avec la quantité de choses échangeables que représentait la même somme en 1838. C'est par la même considération que le législateur a élevé le taux de la compétence, sans appel, des tribunaux de première instance.

Or, les faits économiques qui ont motivé, en 1838, l'élévation du taux de la compétence des justices de paix jusqu'au double, se sont reproduits depuis; et la balance de la valeur nominale de la monnaie et de la quantité de choses échangeables a été si bien détruite par l'avilissement progressif de la valeur réelle de la monnaie, qu'il devient nécessaire, une fois de plus, d'élever le taux de la compétence.

Le législateur l'a compris, puisque toutes les lois postérieures à 1838, qui n'ont cessé d'étendre à des matières nouvelles la compétence des tribunaux de paix, ont en même temps élevé le taux de la compétence pour ces matières nouvelles. Ainsi la loi du 2 mai 1855 attribue aux juges de paix la connaissance, sans appel, jusqu'à la valeur de 100 francs, et, à charge d'appel à quelque valeur que la demande puisse s'élever, des actions en payement de loyers ou fermages, lorsque les locations n'excèdent pas 400 francs. Aux termes de la loi du 10 juin 1854, le juge de paix est compétent, en premier ressort et quelle que soit l'importance de la demande en matière de drainage et d'associations syndicales.

D'un autre côté, les services que rendent les tribunaux de paix, par la célérité de leurs décisions, la réduction des frais et l'affranchissement des formes de procédure usitées devant les tribunaux ordinaires, a encouragé le législateur à étendre leur juridiction à un grand nombre de matières nouvelles. Ainsi, aux termes des lois des 14-21 mai 1851 et 1er juin 1853, les juges de paix connaissent, dans tous les lieux où il n'existe pas de conseil de prud'hommes, de toutes contestations entre patrons et ouvriers, relatives à leurs engagements respectifs, et en dernier ressort jusqu'à 200 francs ; la loi des 22 février et 4 mars 1851 admet leur compétence en matière d'apprentissage ; la loi fiscale du 23 août 1871 leur attribue compétence, en matière d'enregistrement, dans certains cas de dissimulation ; enfin la loi des 7-8 juillet 1874 leur donne mission de statuer, en appel et en dernier ressort, sur les décisions des commissions électorales.

La nécessité d'élever le taux de la compétence des juges de paix et d'étendre cette compétence en certaines matières, s'affirme avec une telle énergie que plusieurs de nos députés, se faisant l'écho d'un vœu général, ont déposé dans ce sens une proposition de loi. Le projet présenté par MM. Charles Floquet et Parent (Savoie), députés, dans la séance du 18 janvier 1878, donne sur tant de points satisfaction aux besoins de notre époque qu'il sera accepté, nous n'en doutons pas, comme un grand soulagement et un progrès remarquable dans notre législation. Toutefois nous avons cru, après une méditation approfondie de ce projet et tout en rendant hommage à la pensée dont ses auteurs se sont inspirés, qu'il contenait certaines lacunes, d'ailleurs faciles à combler, et qu'il importait de les signaler à l'attention du législateur pour obtenir de lui une loi bienfaisante, durable et complète dans ses dispositions. Du reste, par les additions que nous nous permettons de proposer, nous ne faisons que développer les principes généraux, si bien établis par les auteurs du projet.

Ainsi l'exposé des motifs, qui précède le projet de loi de MM. Charles Floquet et Parent, le justifie en ces termes :

« L'institution des justices de paix est une des plus heureuses créations de la Constituante.

« Tarir la source des procès en plaçant les justiciables peu fortunés sous l'influence conciliante d'un magistrat populaire, chargé d'accommoder les différends et de les éteindre ainsi à leur naissance ; tel a été le principe dominant qui a présidé à l'organisation des justices de paix dont la compétence et les attributions civiles furent déterminées par la loi des 16-24 août 1790.

« Après une expérience de trente années de

cette législation, des modifications progressives furent jugées nécessaires, et la loi du 25 mai 1838 vint étendre et consolider les bienfaits de cette juridiction.

« C'est ainsi que, de 1838 jusqu'à ce jour, a fonctionné l'institution des juges de paix, continuant à rendre d'immenses services dans les villes et les campagnes, ainsi que l'attestent les états statistiques publiés chaque année sur l'administration de cette justice en France.

« Mais, depuis l'année 1838, le temps a marché ; des progrès ont été réalisés ; une véritable transformation s'est opérée dans l'intelligence du pays, dans ses habitudes, dans ses besoins, dans ses mœurs.

« Cette situation nouvelle nous a paru rendre nécessaire une extension de la compétence des justices de paix.

« L'initiative de cette réforme populaire a été prise par plusieurs États de l'Europe qui l'ont exécutée d'une manière très décidée, notamment en Italie, en Belgique et en Allemagne pour l'Alsace-Lorraine.

« Nous venons donc, tout en faisant nos réserves expresses sur la réorganisation indispensable et prochaine des justices de paix elles-mêmes, proposer de faire profiter sans retard, par voie d'extension de la loi du 25 mai 1838, nos concitoyens peu fortunés d'améliorations analogues. »

Pour l'intelligence des critiques que nous aurons à développer, nous résumerons les propositions contenues dans le projet de MM. Charles Floquet et Parent.

Article 1er de la proposition de loi. — L'article 1er de la loi du 25 mai 1838 est ainsi modifié :

Les juges de paix connaissent de toutes actions purement personnelles et mobilières, en dernier ressort, jusqu'à la valeur de 400 francs, et, à charge d'appel, jusqu'à la valeur de 1,000 francs.

Dans ce dernier cas, l'exécution provisoire pourra être prononcée, à charge de fournir caution, sous les formes de droit édictées par les articles 517 et suivants du Code de procédure civile.

Nous avons donné plus haut les motifs de cette disposition ; les auteurs du projet les développent de la même manière, en ajoutant :

« Le législateur de 1838 s'exprimait ainsi : « Il importerait que les petits procès fussent anéantis dès leur origine, n'occasionnassent pas des frais disproportionnés à leur valeur, et *n'obligeassent pas les citoyens à des déplacements continus.* »

« Et comme, à cette époque, on avait fait valoir également la diminution de valeur du numéraire, il concluait ainsi : « A raison de cette dépréciation, l'extension de la compétence de la justice de paix ne fait pas autre chose que rétablir en réalité la valeur dans ses limites primitives. »

« Or, les considérations, qui déterminèrent l'adoption de la loi du 25 mai 1838, ne sont-elles pas plus fortes aujourd'hui qu'elles n'étaient alors ?

« Par la suite, la nécessité réelle de procéder à une nouvelle revision, et d'accepter cette première modification s'impose impérieusement. »

Article 2. — L'article 3 § 2 de la loi du 25 mai 1838, est ainsi modifié :

Les juges de paix connaissent : ... III. Sans appel, jusqu'à la valeur de 400 francs, et à charge d'appel, à quelque valeur que la demande puisse s'élever : des actions en payement de loyers ou fermages, des congés, de demandes en résiliation de baux fondées sur le seul défaut de payement des loyers ou fermages, des expulsions des lieux et de la demande en validité de saisie-gagerie, le tout lorsque les locations verbales ou par

écrit n'excèdent pas annuellement, à Paris, 800 francs,
et 600 francs partout ailleurs.

Article 3. — Les juges de paix connaissent des
actions immobilières en dernier ressort jusqu'à concurrence de 40 francs de revenu déterminé soit par la
valeur de l'immeuble, soit par le revenu cadastral, soit
par le prix du bail; et jusqu'à la valeur de 100 francs
de revenu, à charge d'appel.

On sait que la loi de 1838 exclut les actions
immobilières de la compétence des juges de paix.
Cette exclusion pouvait autrefois s'imposer au
législateur par des considérations qu'on ne peut
plus faire valoir aujourd'hui. C'est ce que les auteurs du projet ont démontré dans leur *Exposé
des motifs*.

« Les actions immobilières doivent-elles con-
tinuer à rester exclues des avantages de l'économie des frais, et de la complication de la procédure et de la suppression des déplacements ?

« Les mêmes considérations présentées en vue
de l'adoption des deux précédents articles de
revision ne dominent-elles pas en leur faveur
avec la même autorité ?

« La force des choses n'impose-t-elle pas aussi
l'admission des affaires immobilières dans les
attributions de la justice de paix, aujourd'hui

plus éclairée encore que par le passé, en raison de son expérience acquise ?

« De plus, la législation actuellement en vigueur n'a-t-elle pas déjà conféré à cette juridiction la connaissance des actions possessoires, considérées par d'éminents jurisconsultes comme extrêmement ardues, des réparations locatives de maisons ou fermes, de certains litiges relatifs aux constructions, à quelque valeur que la demande puisse s'élever ?

« A la vérité, cette proposition avait été présentée lors de la discussion de la loi du 25 mai 1838.

« Elle avait été rejetée par cette vague considération que des droits immobiliers ne pouvaient être limités et définis comme des droits mobiliers et personnels, et surtout parce que la connaissance de ces actions immobilières avait été précédemment déférée aux tribunaux civils de première instance par la loi du 11 avril 1838.

« Mais nous faisons observer que la valeur des droits immobiliers peut être aussi facilement limitée, définie et déterminée, que la valeur des actions personnelles et mobilières ; que le propriétaire d'un terrain de minime importance présente le même intérêt que le propriétaire d'une créance mobilière ou personnelle de pareille valeur, et qu'une différence de traitement entre ces deux intérêts est contraire aux principes d'équité et d'égalité, qui veulent que tous les citoyens, et non quelques-uns, jouissent des bienfaits d'une juridiction *toute conciliante, bonne, simple, et exempte de frais.*

« Nous sommes donc convaincus que cette proposition ancienne que nous faisons revivre, et qui a pour but de comprendre les actions immobilières dans les limites ci-dessus déterminées de la compétence des juges de paix, rencontrera une approbation unanime. »

Article 4. — Les juges de paix connaissent des demandes en validité et en nullité d'offres réelles, jusqu'à concurrence du taux des actions personnelles ou mobilières, et des actions immobilières comprises dans leurs attributions.

Cette disposition fut proposée en 1838 et rejetée sans qu'elle eût donné lieu à une discussion sérieuse.

L'*Exposé des motifs* ajoute :

« Il n'est pas besoin de montrer les inconvénients soulevés dans la pratique par ces demandes en validité ou nullité d'offres réelles, opposées quelquefois par la mauvaise foi à une réclamation portée devant les juges de paix dans les limites de leurs attributions.

« Le justiciable peu fortuné a été ainsi souvent détourné de la juridiction paternelle, établie par le législateur de 1790.

« Aussi doit-on reconnaître qu'une omission regrettable existe dans la loi du 25 mai 1838, et ne doit-on pas douter que cette proposition de déférer la connaissance de ces demandes aux juges de paix, quand il s'agit de sommes sur lesquelles ils sont autorisés à statuer, sera également adoptée. »

Article 5. — Les juges de paix connaissent de toutes demandes en autorisations pour ester en justice dans le taux de leur compétence.

L'*Exposé des motifs* appuie comme il suit cette proposition :

« La loi civile a posé en principe, au nom de la société, la défense des faibles et des mineurs.

« Et pourtant, ce qui constitue une étrange contradiction avec ce principe, c'est que les faibles et les mineurs sont exclus des bienfaits de la juridiction paternelle, simple et économique de paix.

« N'est-ce pas un fait regrettable d'obliger les incapables à une procédure préalable d'autorisation devant une juridiction supérieure, avant de poursuivre devant la justice de paix le règlement de minimes intérêts?

« Ainsi les principes d'égalité et de justice réclament impérieusement l'adoption de notre proposition. »

Article 6. — Les juges de paix connaissent des difficultés pouvant naître de l'exécution de leurs jugements rendus en dernier ressort.

« Cette proposition, dit l'*Exposé des motifs*, avait été également soulevée lors de la discussion de la loi du 25 mai 1838.

« Elle avait été résumée en ces termes : — Si les juges n'ont pas ce pouvoir, les avantages que présente leur juridiction simple et économique disparaîtront souvent, car il faut, pour obtenir l'exécution de leur sentence, soutenir un long et dispendieux procès devant les tribunaux d'ordre supérieur.

« Nous avons pensé qu'il était de notre devoir

2

do reprendre cette proposition, en signalant à cet égard, comme nous l'avons déjà démontré précédemment, ces anomalies et ces inégalités qui pourraient rendre souvent·illusoire la compétence des juges de paix et exposer les justiciables peu fortunés à des frais et ;à des déplacements onéreux, ce qui est hautement condamné par les principes qui servent de base fondamentale à l'organisation de la magistrature populaire des juges de paix. »

Bien d'autres lacunes, qui constituent des anomalies injustes et choquantes, se rencontrent dans la loi du 25 mai 1838; nous allons les examiner successivement, avec les développements que ces questions comportent, pour leur complète intelligence.

II

De la conciliation et des modifications qu'il convient d'apporter à la procédure en cette matière.

Le préliminaire de conciliation dont le législateur a toujours espéré les meilleurs résultats n'est, dans la plupart des cas, qu'une formalité plus ou moins dispendieuse et un leurre. Mais ajoutons que ces fâcheux résultats sont dus beaucoup moins à la nature de cette institution qui, bien réglementée, donnerait tout ce qu'on attend d'elle, qu'aux formalités dont le préliminaire de conciliation est entouré.

Il s'agit d'expliquer comment le préliminaire obligatoire n'aboutit le plus souvent qu'à une perte de temps et d'argent. Cette démonstration étant faite, les modifications qu'il importe d'apporter à la loi du 2 mai 1855 s'imposeront naturellement à l'esprit.

La loi de 1855 avait déjà heureusement modifié la loi de 1838, en limitant l'obligation de la tentative de conciliation aux cas qui ne requièrent pas célérité, et en substituant le simple billet d'avertissement, délivré par le greffier, à la citation en conciliation signifiée par ministère d'huissier. Toutefois ces améliorations incontestables sont loin d'être suffisantes ; et le préliminaire de conciliation, tel qu'il est pratiqué, présente encore de si graves inconvénients que sa suppression a été proposée par quelques-uns, afin de supprimer en même temps des lenteurs inutiles, dans la plupart des cas, et qui sont à peine compensées par les résultats obtenus dans les autres cas où la conciliation aboutit.

Nous n'irons pas si loin ; car nous croyons, au contraire, que la tentative de conciliation sera moins souvent vaine, lorsque les formes en auront été réglementées comme le commande l'expérience.

Une contestation est rarement portée devant le juge de paix sans qu'elle ait été précédée de pourparlers entre les parties et que chacune d'elles se soit éclairée des conseils d'un homme de loi. La simple menace d'un procès a produit entre elles une méfiance, sinon une animosité qui sera augmentée par les premiers actes d'hostilité. Une fois la lutte engagée, l'amour-propre, le plus mauvais des conseillers, poussera l'une et l'autre partie à ne rien céder de ses prétentions publiquement avouées. Il est évident que si la contestation était, dès sa naissance et avant toute démarche agressive, soumise à l'appréciation d'un magistrat qui n'est pas encore un juge, elle serait presque toujours étouffée dans son germe. Mais, dans la pratique, il n'en peut être ainsi : le demandeur sera obligé à un déplacement pour se rendre au chef-lieu de canton, et requérir du greffier l'envoi d'un billet de conciliation à son adversaire. Le voyage devient déjà pénible et coûteux, si le demandeur habite à 10, 15 ou 20 kilomètres du chef-lieu de canton; le défendeur est astreint au même déplacement : premier levain de rancune. Si l'affaire subit une remise, un troisième voyage devient nécessaire; autant de journées de travail perdues. Ajoutons que le défendeur dont la cause est désespérée et

2.

qui ne cherche qu'à gagner du temps, s'ingénie pour trouver des moyens de remise et lasser ainsi son demandeur.

Dans la plupart des affaires, la formalité obligatoire de tentative de conciliation n'aboutira donc qu'à des allées et venues d'autant plus dispendieuses que le domicile des parties sera plus éloigné du chef-lieu de canton. Nous pouvons citer de nombreux cantons où les points les plus éloignés du chef-lieu présentent pour les voyages, aller et retour, un parcours de 40 et même de 80 kilomètres. Qu'on ne nous taxe pas ici d'exagération; car il est facile de vérifier ce que nous avançons en jetant les yeux sur la carte de certains départements.

Voilà donc le résultat auquel aboutit la loi de 1855 : pour éviter aux justiciables les frais d'une citation de cinq, six ou même dix francs, elle les assujettit à des frais de voyage bien autrement onéreux et à une perte de temps qui double le sacrifice. Par suite, c'est dans un état d'irritation réciproque que les parties comparaissent devant le juge pour se concilier. Si l'une d'elles abandonne ses prétentions même les plus légitimes, pour éviter une nouvelle perte de temps, elle n'en conservera pas moins contre son adversaire malavisé un ressentiment qui pourra devenir le germe de débats judiciaires plus sérieux et même de rancunes. Le temps est précieux pour le cultivateur, dont les intérêts sont engagés dans une foire ou dans un marché à jour déterminé; et l'obliger, ce jour-là, à tout quitter pour obéir à l'injonction la plus injuste, ou s'il est demandeur, pour soutenir ses prétentions, c'est le placer dans une alternative qui lui fait sacrifier l'intérêt le moins puissant, c'est-à-dire le procès engagé. Combien de conciliations ont été amenées par cette cause! et pourtant qui ne se laisse pas séduire par le mirage trompeur des statistiques officielles, relevées sur les registres des juges de paix, qui nous présentent, comme étant l'œuvre du magistrat, de prétendues conciliations qui ne sont dues qu'au découragement de l'une ou l'autre partie? Tout le monde, en effet, ne se sent pas le courage de quitter sa famille et d'entreprendre un véritable voyage pour répondre à une demande en payement de deux francs de dommages-intérêts et jouer un rôle dans des discussions puériles ou ineptes; et pourtant ces cas ne sont pas rares.

Sans doute, il reste à la partie qui veut s'épargner un dérangement pénible, la ressource de se faire représenter en conciliation par un mandataire. Mais ce mandataire ne se présentera pas gratuitement, et ce sont là des frais facultatifs, qui restent toujours à la charge du mandant. Puis, le mandataire apportera-t-il devant le magistrat l'esprit nécessaire de conciliation, et n'entraînera-t-il pas plutôt son client dans un procès dont il attend des bénéfices sous forme d'honoraires?

Puisqu'une nouvelle loi sur la compétence des justices de paix est à l'étude, n'importe-t-il pas que la revision soit complète pour être efficace, et que la loi nouvelle, mettant à profit l'expérience de près d'un siècle, fasse disparaître tous les vices qui entachent l'ancienne législation sur cette matière ?

On a proposé de modifier comme il suit la loi du 2 mai 1855 : L'avertissement pour paraître en conciliation serait donné au moyen d'une citation en *débet*, comme en matière de simple police ; et le coût de cette citation, y compris le timbre et l'enregistrement, serait compté, dans le cas seulement où un jugement interviendrait ultérieurement, dans les dépens liquidés à la charge de la partie qui succomberait.

Ce système serait infiniment préférable, il faut en convenir, à celui qui est aujourd'hui en vigueur; mais son moindre défaut est de n'être qu'un palliatif insuffisant et de ne pas faire disparaître le vice radical que nous avons signalé plus haut.

Il importe, avant tout, de mettre effectivement la justice à la portée des justiciables; et c'est en cela que nous trouvons le remède. N'est-il pas aisé, en effet, d'édicter que le juge de paix sera tenu, à des époques périodiques, de se transporter sur certains points déterminés de son canton, pour y tenir des audiences de conciliation, dans une salle de mairie qu'il est facile de disposer pour cette destination? On évitera ainsi aux justiciables la nécessité de déplacements onéreux; par suite de cette facilité donnée aux justiciables les procès seront plus facilement étouffés à leur naissance, et tous les inconvénients résultant, pour l'administration d'une bonne justice, de l'éloignement du juge, seront écartés. Les remises seront aussi moins nombreuses, en raison de la diminution, pour les parties, des causes d'empêchement.

Ce système offre un autre avantage qui doit être pris en sérieuse considération : le juge de paix, se trouvant à proximité du lieu où est situé l'objet litigieux, pourra facilement s'y transporter ; et tandis que, dans la pratique, il est forcé, à raison de l'éloignement, d'avoir recours à des experts, ce qui fait supposer que le procès est déjà engagé, il pourra, dès le début, se renseigner utilement et complètement, et formuler déjà un avis qui éclaire les parties sur leurs droits respectifs et les mettre sur la voie de la conciliation. La procédure d'expertise est, on le sait, l'une des plus dispendieuses que nos lois aient admises ; n'est-il pas important de diminuer le nombre des cas dans lesquels il est nécessaire d'y recourir ?

Nous ne verrions même aucun inconvénient à ce que le juge de paix donnât, dans la même forme, des audiences publiques dans lesquelles seraient appelées les affaires urgentes et susceptibles d'être jugées en une seule audience, ou celles dans lesquelles il serait nécessaire d'entendre des témoins habitant tous ou presque tous la commune où siégerait le tribunal de paix. Un déplacement coûteux serait ainsi évité à ces témoins.

Ce n'est pas tout : le juge de paix pourrait faire, dans ces assises tenues à époques fixes et périodiques, tous les actes de juridiction gracieuse qui exigent le déplacement de nombreuses personnes : tels sont les conseils de famille. Nous pouvons citer un cas où l'obligation d'assister à un conseil de famille a imposé à sept personnes la nécessité de faire chacune, à pied, un voyage de quatorze lieues pour se rendre au chef-lieu de canton. Que de journées de travail peuvent être épargnées, grâce à la sollicitude du législateur, à une classe de citoyens laborieux et généralement peu fortunés.

Notre système a encore l'avantage de faire disparaître, dans une foule d'affaires, les frais de transport du juge sur les lieux, lesquels pèsent assez lourdement sur les justiciables.

Or, l'on sait que le transport sur les lieux est presque toujours nécessaire lorsqu'il s'agit d'entreprises sur les cours d'eau servant à l'irrigation des propriétés et au mouvement des usines et moulins, des dénonciations de nouvel œuvre, complaintes, actions en réintégrande et autres actions possessoires fondées sur des faits également commis dans l'année, tous cas dont la loi de 1838 attribue la connaissance aux juges de paix, en premier ressort, quelle que soit l'importance du litige.

Notre système permet enfin au juge de paix de recevoir, sans déplacement onéreux pour les parties, les actes de notoriété, les actes de reconnaissance d'enfant naturel, d'adoption, de tutelle officieuse, d'émancipation; de procéder, en vertu d'une commission rogatoire, à une enquête ou à un interrogatoire sur faits et articles; de coter et parapher les registres, dans les cas où la loi l'y oblige, de vérifier les registres de l'état civil et ceux tenus pour les nourrissons, de délivrer les légalisations; en un mot de faire, avec toutes les facilités désirables pour les citoyens qui ont besoin de son ministère, tous les actes de juridiction gracieuse qui sont de sa compétence.

Aux termes de la loi électorale des 7-28 juillet 1874, l'appel des décisions des commissions électorales est porté devant le juge de paix, qui statue sans frais. Combien ne serait-il pas désirable que les plus grandes facilités fussent données aux électeurs des campagnes pour faire valoir leurs droits devant le magistrat compétent, sans qu'ils eussent à subir aucun déplacement pour l'accomplissement d'un devoir civique ? Or, le transport du juge dans les localités déterminées de son canton, leur fournirait un moyen de le remplir, sans avoir à supporter une charge nouvelle. Le service judiciaire pourrait fort bien, à cet égard, se concilier avec les exigences de la loi de 1874, quant à l'observation des délais.

C'est à M. Dufaure surtout que nous devons le système de la *justice ambulatoire*, qu'il a fort bien expliqué dans son projet de réforme de la magistrature. Il en fait une règle pour les tribunaux de première instance. Mais tous les arguments par lesquels il justifie cette importante et heureuse innovation, ne s'appliquent-ils pas *à fortiori* aux justices de paix ?

En effet, la compétence des juges de paix est beaucoup plus étendue que celle des tribunaux de première instance ; elle affecte des intérêts moindres, bien entendu ; mais par cela même qu'elle étend sa tutelle aux moins fortunés, elle doit rendre moins pénible pour eux l'accès du prétoire.

Aussi ne doutons-nous pas que les voix généreuses qui, en toute occasion, se font entendre pour défendre les intérêts des classes moins bien partagées ne se joignent à nous pour demander une réforme qui, au premier abord, paraît d'une importance secondaire, mais qui ne manquera pas, nous en avons la ferme conviction, de produire les plus heureux résultats, pour la conciliation des affaires litigieuses, en introduisant des mœurs nouvelles. Rapprocher le juge du justiciable, c'est accroître son action bienfaisante et en même temps fortifier son autorité.

De tels résultats seront obtenus par l'abrogation pure et simple de l'art. 9 de la loi du 27 ventôse an IX, qui dispose que le juge de paix ne peut rendre de jugement qu'au chef-lieu de canton.

III

De l'extension de la compétence des juges de paix à la matière commerciale.

En portant à mille francs le taux de la compétence, en premier ressort, des juges de paix, le projet de loi de MM. Charles Floquet et Parent, met la justice en harmonie avec les besoins de l'époque. Mais nous nous demandons pourquoi le nouveau projet persiste, en quelque sorte avec un soin jaloux, à priver les juges de paix de la connaissance des affaires commerciales.

De tous temps les commerçants ont revendiqué, sinon comme un privilège de caste, du moins comme une condition de bonne justice entre eux, le droit de n'être jugés, en matière commerciale, que par des tribunaux spéciaux dont les membres sont pris dans leur sein et soumis à l'élection. On a invoqué, pour justifier l'existence de cette juridiction extraordinaire, la nécessité d'appliquer des usages commerciaux qui complètent la loi et que les commerçants mieux que tous autres juges, sont à même de connaître et d'appliquer. Puis, la pratique journalière de la comptabilité donne aux commerçants plus de facilités pour rechercher les moyens de preuve spécialement applicables en matière commerciale.

Nous serions mal avisés de nous élever contre l'institution des tribunaux consulaires en elle-même; mais, si nous nous en rapportons aux critiques assez vives qui s'élèvent contre son fonctionnement, nous aurons peine à croire que l'organisation judiciaire commerciale réponde aux vœux des justiciables. Dans presque tous les tribunaux de commerce, le juge s'efface devant une nuée de commis-greffiers, de secrétaires, d'arbitres rapporteurs ou de liquidateurs pris en dehors des juges; les scribes font irruption jusque sur le lit de justice, et dans les grands centres surtout, les magistrats consulaires restent à peu près étrangers aux milliers de jugements dont ils ont à peine le temps de prendre lecture et qu'ils signent néanmoins.

Les projets de réforme qui sont soit à l'étude, soit à l'ordre du jour de la Chambre des députés, auront-ils pour effet de remédier au mal ? Suffira-t-il, par exemple, que l'électorat consulaire soit étendu à tous les marchands et industriels patentés ? Nous voudrions pouvoir l'espérer ; mais nous craignons que le mal ne soit plus profond et le remède plus difficile à trouver qu'on ne l'imagine. Aussi bon nombre de nos magistrats et de nos jurisconsultes estiment-ils qu'il y aurait avantage à rendre aux tribunaux ordinaires la connaissance des affaires commerciales.

Nous voyons un grand nombre de tribunaux de première instance juger commercialement dans les arrondissements où il n'a pas été institué de tribunaux de commerce, et nous ne pensons pas que les tribunaux ordinaires aient jamais été l'objet d'attaques aussi vives que les tribunaux consulaires.

Devant les tribunaux consulaires, les affaires les plus importantes, susceptibles d'être portées en appel, sont, il est vrai, jugées avec une atten-

tion particulière ; mais le temps manque évidemment aux juges de commerce pour consacrer un
soin égal aux affaires qu'ils ont à juger en dernier ressort. Il est dès lors évident que, dans
l'intérêt d'une bonne justice, les commerçants
auraient à gagner à ce que leur différends fussent
portés devant une juridiction plus répandue et
mieux exercée à la pratique judiciaire, telle que
celle des tribunaux de première instance.

Qu'on n'invoque pas, en faveur des tribunaux
consulaires tels qu'ils sont organisés, les avantages de la célérité et de l'économie des frais ; car
tout le monde sait que la juridiction consulaire
est aujourd'hui la plus lente, la plus tortueuse et
la plus dispendieuse ; les vices de cette organisation sont poussés fort loin.

Nous pouvons citer bon nombre de pays, tels
que la Hollande et l'Espagne, qui, après une
épreuve assez longue, mais dont les résultats
n'ont pas été plus heureux que chez nous, en
sont venus à reconnaître hardiment la nécessité
de supprimer les tribunaux de commerce et de
transporter aux tribunaux civils la connaissance
des affaires commerciales.

La même tentative a eu lieu en Belgique, il y a

peu d'années ; mais elle a échoué en présence des passions politiques qui ont dénaturé la question.

Si les tribunaux civils sont aptes à juger les affaires commerciales — et l'on ne saurait le contester, puisque les appels des jugements rendus par les tribunaux consulaires sont portés devant les tribunaux d'appel, c'est-à-dire devant des juges civils — on ne voit point les raisons sérieuses qui pourraient être invoquées pour exclure, avec la rigueur de la législation actuelle, les affaires purement commerciales de la compétence des tribunaux de paix.

La parfaite connaissance des affaires commerciales n'est plus aujourd'hui le privilège d'une corporation, comme avant 1789 ; tous les citoyens sont trop mêlés aux pratiques commerciales, aux marchés purement commerciaux, pour rester étrangers aux lois qui les régissent. Ne sont-ils pas, d'ailleurs, justiciables des tribunaux de commerce, sans qu'il y ait lieu de distinguer entre les commerçants et les non-commerçants, toutes les fois qu'ils ont contracté une opération commerciale de sa nature ?

Quant aux juges de paix, l'exclusion de leur compétence de toute affaire ayant un caractère commercial implique nécessairement la connaissance approfondie des règles suivant lesquelles on les distingue, et par conséquent la connaissance du droit commercial proprement dit. Aussi cherchons-nous vainement les raisons de cette exclusion. Si les juges civils donnent un concours précieux au commerce, pourquoi les juges de paix seraient-ils tenus en suspicion à cet égard ? Qu'on n'argumente pas de ce que les juges de paix seraient moins initiés, par la nature de leurs fonctions judiciaires, à l'application approfondie du droit ? La jurisprudence des tribunaux de paix, qui embrasse à peu près toutes les parties de la législation, et qui a fait l'objet des plus savants recueils, est là pour témoigner que les jurisconsultes les plus autorisés peuvent se révéler parmi eux. En 1790, le législateur a pu redouter leur inexpérience, dans les questions de matière réelle et immobilière surtout ; mais depuis, le recrutement de plus en plus intelligent et sévère de ces magistrats a permis d'élargir le le cercle de leur compétence, et de leur attribuer la connaissance des questions les plus ardues, souvent même sans limitation du taux de la compétence.

Ce serait maintenir une anomalie trop cho-
quante que d'attribuer aux juges de paix la déci-
sion de si graves questions, de leur permettre,
par exemple, de statuer, comme auxiliaires du
procureur de la République, sur la liberté des
citoyens, et, d'un autre côté, de les priver du
droit de connaître, en premier ressort, des affaires
purement commerciales.

Aussi proposons-nous d'introduire, dans le
projet de loi présenté par MM. Charles Floquet et
Parent, une disposition ainsi conçue :

« Les juges de paix connaissent, sans appel, jusqu'à
la valeur de 400 francs ; et à charge d'appel, jusqu'à
la valeur de 1,000 francs, de toutes affaires purement
commerciales, autres que celles se rattachant à la matière des faillites.

« Les appels des jugements des tribunaux de paix
jugeant commercialement seront portés devant le tribunal de commerce de l'arrondissement ; et, à défaut,
devant le tribunal civil de première instance jugeant
commercialement.

« Il n'est rien innové, en ce qui concerne les règles
relatives à la compétence des tribunaux de commerce,
pour toutes affaires excédant la valeur de 1,000 francs. »

Une disposition conçue dans ce sens aurait
pour résultat d'affranchir les tribunaux de com-

merce encombrés d'affaires de peu d'importance, auxquelles ils ne peuvent consacrer tout le temps et toute l'attention qu'elles peuvent mériter, d'un travail excessif, et de favoriser ainsi, dans l'intérêt de tous, l'administration d'une bonne justice.

Les règles générales de la compétence se trouveraient ainsi modifiées en deux points importants : 1° Attribution aux tribunaux de paix de toutes affaires de matière commerciale ; 2° Constitution des tribunaux de commerce comme tribunaux d'appel jusqu'à concurrence d'une valeur de mille francs.

Nous ferons remarquer, sur le second point, que si les tribunaux de commerce n'ont jamais fonctionné, chez nous, comme tribunaux d'appel, il en est autrement dans d'autres pays. Ainsi nous trouvons, dans les divers États allemands, des tribunaux supérieurs de commerce, qui connaissent, sur appel, des jugements rendus par les tribunaux de commerce d'ordre inférieur.

La disposition nouvelle dont nous proposons l'introduction aura certainement pour effet d'obliger les tribunaux de commerce, juges d'appel, à donner un plus grand soin aux affaires qui auront déjà été, en premier ressort devant le juge de paix, l'objet d'une enquête ou d'une instruction approfondie. Enfin il leur sera permis de se consacrer entièrement à l'étude des affaires d'une importance plus considérable.

L'attribution des affaires purement commerciales aux juges de paix n'est pas une idée absolument nouvelle. Lors de la discussion de la loi du 25 mai 1838, on avait proposé un amendement pour permettre aux juges de paix de connaître des affaires commerciales au-dessous de 200 francs, dans les localités dépourvues de tribunaux de commerce ; mais on s'arrêta devant cette objection que ce serait créer deux degrés de juridiction dans des affaires qui, déférées ailleurs aux tribunaux de commerce, seraient jugées par eux sans appel.

L'incompétence des juges de paix en matière commerciale, d'après la législation actuelle, n'est pas tellement absolue que la loi n'autorise parfois les juges de paix à faire certains actes de juridiction du domaine commercial.

Ainsi, à défaut du président du tribunal de commerce, c'est le juge de paix qui nomme les experts pour constater, en cas de refus ou de contestation, l'état des objets transportés par un voiturier (art. 106 du Code de commerce);

A l'égard des navires, il reçoit, en exécution de l'art. 225 du Code de commerce, dans les ports où il n'y a pas de tribunal de commerce, les procès-verbaux dressés par les capitaines de navire, à charge par lui de les envoyer, dans les vingt-quatre heures, au président du tribunal de commerce le plus voisin (Ordonnance du 1er novembre 1826);

Le juge de paix autorise le capitaine, s'il y a nécessité de radoub ou d'achat de victuailles, à emprunter sur le corps du navire, ou à vendre des marchandises, jusqu'à concurrence de la somme que les besoins exigent (art. 234 du Code de commerce);

Dans les lieux où il n'y a pas de tribunal de commerce, il reçoit soit le rapport du capitaine qui a abandonné son navire, lequel rapport est envoyé sans délai au président du tribunal de commerce le plus voisin, soit la déclaration des causes qui ont obligé le capitaine à relâcher dans un port de France, et nomme des experts, afin de constater l'état des pertes et dommages dans le lieu du déchargement du navire (articles 243, 245, et 414 du Code de commerce);

En matière de faillite, le juge de paix appose les scellés, les lève sur la réquisition des syndics, assiste à l'inventaire et le signe à chaque vacation (articles 457, 458, 468, 469, 471 et 480 du Code de commerce);

Le juge de paix peut être délégué pour examiner les livres de commerce (article 16 du Code de commerce).

Si la compétence du juge de paix est admise, dans ces divers cas relatifs à la matière commerciale, en raison de la célérité requise, combien cette compétence ne serait-elle pas justifiée, par exemple lorsqu'il s'agit de contestations relatives au transport de marchandises entre commerçants et voituriers ou bateliers, pour retards, frais de route et perte ou avarie desdites marchandises? On sait que, dans ce cas spécial, l'urgence des constatations et le péril en la demeure a fait admettre, entre voyageurs et voituriers ou bateliers, la compétence des juges de paix sans appel jusqu'à la valeur de 100 francs, et à charge d'appel, jusqu'au taux de la compétence, en dernier ressort, des tribunaux de première instance.

Quant à la compétence exclusive des tribunaux de commerce, en matière de faillites, elle se justifie à trop de points de vue pour que nous entreprenions d'en discuter les motifs. Rarement, d'ailleurs, le passif de la faillite sera inférieur à 1,000 francs.

IV

De la compétence des juges de paix en matière de réparation du dommage causé par le gibier.

Il s'agit ici de la longue querelle entre les possesseurs de bois ou de parcs, qui trop souvent servent de refuge au gibier malfaisant, et les cultivateurs possesseurs de champs avoisinant ces bois ou ces parcs, et dont les récoltes ont à souffrir des irruptions de ce gibier. *Qui terre a guerre a*, disait un vieil adage.

C'est dans les affaires de ce genre que le rôle du magistrat devient difficile, s'il n'a pas une connaissance complète et acquise par l'expérience sur les lieux mêmes, des agissements réciproques des propriétaires voisins, soit pour favoriser, de mauvaise foi, la multiplication des animaux nuisibles, soit, au contraire, pour arrêter cette multiplication et prévenir des plaintes de la part de villageois souvent cupides et portés à spéculer sur les facilités généreuses du riche bourgeois.

Il est vrai que certaines contrées, qui présentent des territoires labourables, enclavés dans des bois ou des forêts, ont particulièrement à souffrir des ravages du gibier qui y pullule. Pour les populations de ces contrées, la *question du lapin* est érigée à la hauteur d'une question sociale.

Un grand nombre de conseils généraux se sont faits l'écho de ees plaintes et ont réclamé la revision de la loi de 1844 sur la chasse, en ce qui est relatif au dommage causé aux récoltes par le gibier ; un projet de loi spécial est même à l'étude.

Mais est-il absolument nécessaire, pour donner satisfaction à des intérêts respectables entre tous, de modifier la législation qui régit la chasse ? Ne suffit-il pas, pour corriger les vices de la législation actuelle, de faire entrer parmi les matières de la compétence des juges de paix, les demandes relatives aux dommages causés aux champs par le gibier, sans appel jusqu'à la valeur de 400 francs, et à charge d'appel, au-dessus de cette somme et quelle que puisse être l'importance de la demande ?

Nous avons vu là une disposition utile, qui compléterait heureusement le projet de loi présenté par MM. Charles Floquet et Parent.

Nous devons indiquer d'abord les motifs tirés de l'économie des frais et de l'administration d'une bonne justice, qui doivent faire préférer, pour la connaissance des affaires de cette nature, la juridiction des juges de paix à toute autre.

La procédure usitée aujourd'hui, en cette matière, est à la fois longue et dispendieuse ; elle est tirée de la loi du 11 avril 1838, des articles 42 et 43 du Code de procédure civile et de deux arrêts du Parlement de Paris, du 21 juillet 1778 et du 15 mai 1779.

Le juge de paix, saisi d'une demande en réparation du dommage causé par le gibier, nomme trois experts chargés de constater l'étendue du dommage causé et d'en apprécier la valeur. Les experts procèdent à trois visites : la première a pour objet de rechercher si les terres prétendues endommagées ont été ensemencées et bien cultivées, si la graine était de bonne qualité et bien venante, si le dommage a réellement été causé par le gibier, quelle est l'espèce de ce gibier, d'où il peut provenir et enfin quelle est la contenance du terrain endommagé.

La deuxième visite a pour objet de constater l'état des grains et de vérifier si le premier dommage a subsisté ou s'il a diminué, ou même s'il a été causé un dommage nouveau ; les experts déterminent enfin la cause du dommage constaté et celle de sa diminution ou de son augmentation.

La troisième visite a lieu à l'époque de la maturité et avant la récolte ; elle a pour but d'apprécier ce que la partie endommagée aurait pu produire sans la présence du gibier nuisible, en prenant les terres voisines pour termes de comparaison ; et enfin d'estimer la valeur du dommage causé, d'après les mercuriales du lieu.

Les trois visites sont faites par les experts avec l'assistance du juge de paix et de son greffier ; il est dressé procès-verbal de chaque visite, et c'est sur l'examen de ces procès-verbaux que le juge rend sa sentence. Ajoutons qu'elle est susceptible d'être frappée d'appel.

Telle est la lourde machine procédurière, imaginée par le législateur du dix-huitième siècle et perpétuée jusqu'à nos jours, sans qu'une voix se soit encore élevée pour signaler un si grave abus et provoquer l'application d'un remède.

Il va sans dire que les experts sont largement rémunérés ; ainsi, d'après notre propre expérience, confirmée par des renseignements puisés aux meilleures sources, nous pouvons affirmer que pour un dommage de 7 à 800 francs, la moyenne des frais n'est pas moindre de 1,000 à 1,200 francs. En présence de tels chiffres, la protection de l'agriculture, qui figure dans tous les programmes politiques, n'apparaît-elle pas comme la plus amère ironie?

Ici nous posons une question : Croit-on que la simple revision de la loi de 1844, sur la chasse, suffira pour adoucir les maux que nous signalons? Évidemment l'objet de cette loi est absolument étranger à l'abus que nous signalons; la loi nouvelle passera à côté et laissera subsister l'iniquité la plus criante.

Le système de procédure contre lequel nous

nous élevons, produit, suivant les contrées, des résultats absolument opposés, qui font le désespoir du magistrat soucieux de distribuer à chacun son dû et son droit. Ainsi, dans certains départements, et parmi ceux-là nous citerons Seine-et-Marne, l'entretien du gibier dans les domaines de plaisance a pris de telles proportions que, sur la lisière des bois, les cultivateurs ne récoltent pas même leur semence ; les bêtes fauves, telles que les daims et les cerfs, franchissent les clôtures et viennent, la nuit, dévaster les jardins autour des habitations ; les sangliers abondent au point de faire renoncer à la culture de la pomme de terre. Les malheureux cultivateurs se tournent alors contre le châtelain qu'ils accusent de tout le mal. Celui-ci fait valoir les sacrifices qu'il s'impose annuellement pour l'entretien d'une meute et de valets destinés à détruire le gibier ; il offre de détruire les terriers sur la lisière des bois et de multiplier les battues. Néanmoins il se voit condamné à la réparation du dommage ; mais il devient si difficile de déterminer la part de dommage provenant de son fait de celle qui doit être attribuée à la nature du lieu, indépendamment du fait ou de l'imprudence de l'homme, que le cultivateur n'est jamais indemnisé de la perte réelle qu'il subit. Pour faire cesser les clameurs, le châtelain offre d'acheter les terres, objet de tant de débats ; le paysan vend à beaux deniers l'héritage de ses pères, puis loue ses services comme manouvrier ou bûcheron ; mais bientôt le père a marié et doté ses enfants ; le bien s'en est allé et la misère seule est restée. En même temps, la condition sociale de ces populations a empiré, elles quittent le pays pour louer leurs services dans les villes, et les communes voient diminuer le nombre de leurs habitants dans une proportion inquiétante. Que ceux qui nous accuseraient d'assombrir le tableau, parcourent le canton du Châtelet, dans l'arrondissement de Melun. Nous pourrions citer d'autres exemples aussi tristes dans la Bourgogne, la Touraine et dans certains départements du Nord.

Dans les contrées dont nous parlons, les paysans qui se liguent pour faire valoir leurs droits contre le propriétaire du domaine qu'ils accusent de leur ruine, ne tentent jamais deux fois l'expérience. En effet, la perte de nombreuses journées de travail pour assister aux vacations des experts, aux audiences dont le nombre augmente par des remises successives, pour prendre conseil de l'avoué, les honoraires de la plaidoirie de l'avoué qui restent à la charge de la partie qui l'occupe, sont-ils compensés par la répartition, déduction faite de tous frais, entre une centaine de pauvres gens, d'une somme qui pour chacun d'eux s'élève à peine à vingt francs.

On conçoit que, dans de telles conditions, le paysan jure qu'on ne l'y prendra pas deux fois, et qu'après une épreuve si douloureuse, il renonce absolument à la protection de la justice. Trop souvent même il se vengera en se faisant braconnier. Nous pouvons citer des communes dont les habitants, ruinés comme nous venons de le dire, n'avouent pas aujourd'hui d'autre industrie.

Dans d'autres contrées, les rôles changent : c'est le propriétaire domanial qui est l'objet d'une indigne spéculation. Le cultivateur achète des terres dépréciées par le voisinage de bois ; car il faut admettre que ces terres, en raison du milieu dans lequel elles se trouvent, sont assujetties à une servitude passive qui influe nécessairement sur le prix d'adjudication ou de location, et que malgré toutes les précautions prises pour réprimer l'action malfaisante du gibier, il se produise des dommages qu'il soit impossible d'attribuer au fait ou simplement à l'imprudence de l'homme. Néanmoins le paysan, inspiré par la cupidité, n'hésitera quelquefois pas à intenter une action pour des dommages insignifiants et d'ailleurs prévus. Plus le chasseur est riche, plus le paysan s'acharnera à sa poursuite, dans l'espoir d'obtenir une indemnité qui ajoute au revenu de sa terre.

Le grand propriétaire, se voyant l'objet d'une exploitation, repoussera le plus souvent l'action de son voisin et combattra ses prétentions par tous les moyens. L'exagération se trouvant ainsi des deux côtés, on vivra à l'état de guerre. Cependant le paysan qui exerce les poursuites aura généralement de son côté les autres paysans, qui feront cause commune avec lui contre le bourgeois. Celui-ci, redoutant l'animosité générale de la population au milieu de laquelle il vit, entrera bientôt dans la voie des concessions. Mais cette transaction sera un précédent qu'on ne manquera pas, les années suivantes, d'invoquer contre lui. Dès lors, il sera constant pour tous que lui seul est la cause de tous les ravages que le gibier de la province peut exercer dans les champs de la commune. Par suite on verra se succéder, chaque année, une série de procès alimentés par la cupidité d'une classe d'intéressés.

Sans entrer trop avant dans la critique de la procédure suivie en matière de réparation du dommage causé aux champs par le gibier, nous croyons utile, avant d'indiquer le remède qui nous paraît le plus efficace, d'exposer quelques-uns des effets les plus bizarres de cette procédure.

La demande en indemnité est introduite avant que le dommage soit un fait accompli et que la valeur en soit appréciable ; les experts sont nommés et commencent leurs vacations alors que le dommage est seulement probable, qu'il s'annonce par des circonstances dont la désignation est certainement insuffisante, en un mot qu'il est présumé d'une manière vague. L'existence du dommage ne sera parfaitement constatée et la demande n'aura de fondement sérieux qu'après les trois visites des experts.

Une telle demande étant purement éventuelle et ne prenant corps que lorsque les faits prévus se réalisent, il suit de là que le défendeur ne peut, comme en matière ordinaire, répondre à cette demande par des offres réelles, libératoires, l'exonérant des frais de la procédure ; et cependant, par cela seul qu'il y aura un dommage, tant faible qu'il soit; et qu'une indemnité quelconque sera allouée par le juge, le défendeur sera condamné à tous les dépens, y compris les frais d'expertise, sans que la loi lui offre aucun moyen de prévenir la condamnation par des offres qui puissent être jugées suffisantes.

On cite, il est vrai, un jugement du tribunal civil de Rambouillet, qui paraît avoir résolu cette difficulté.

La duchesse d'Uzès, propriétaire d'un domaine à Bonnelles, avait été actionnée par un de ses voisins, à raison du ravage que le gibier de la forêt causait à celui-ci ; mais elle avait eu la précaution, dès que la demande avait été introduite et avant toute expertise, d'offrir amiablement de payer la réparation du dommage, à dire d'experts. Sur le refus du demandeur d'accepter ces offres, le tribunal avait donné acte à la duchesse d'Uzès desdites offres.

L'accomplissement de cette formalité parut plus tard suffisant au tribunal pour qu'il condamnât le demandeur aux dépens, attendu que son refus d'accepter les offres n'était pas justifié, puisque ces offres étaient suffisantes.

Une telle sentence est, au fond, très équitable ; nous croyons même qu'elle suggère au législateur la solution que nous demandons à une loi nouvelle ; mais elle n'est point exempte de critique au point de vue du droit actuel. En effet l'offre de procéder à l'amiable n'a jamais pu suppléer, en principe, à des offres réelles, ni produire les effets légaux de telles offres. Admettre une telle jurisprudence, ce serait permettre au juge de suppléer aux lacunes de la loi ; or, il ne lui est permis que d'appliquer la loi, quelle que soit la dureté de ses dispositions.

Sans doute, le tribunal de Rambouillet, connaissant la parfaite solvabilité de madame d'Uzès, sa condition élevée et son honorabilité, a cru faire bonne justice en accueillant comme faites réellement et d'ailleurs suffisantes, des offres purement amiables et verbales, non déterminées en espèces ; mais ne serait-il pas dangereux de généraliser l'application de cette jurisprudence ?

Toutefois il est incontestable que la sentence du tribunal de Rambouillet indique fort bien la nature de la réforme à introduire dans la procédure. Il importe que le défendeur soit en droit, dès que la citation lui a été délivrée, d'arrêter le

demandeur dans la voie d'une procédure rui-
neuse, en offrant de fournir caution ou, à défaut,
de faire à la Caisse des consignations le dépôt
d'une somme à laquelle le juge de paix arbitrerait
éventuellement la réparation du dommage probable, toutes les parties entendues. Après l'expertise à laquelle il serait procédé dans la forme
que nous indiquerons tout à l'heure, le juge
ferait au demandeur l'allocation de la somme dé-
posée ou cautionnée, sauf à augmenter cette
somme, si le dommage causé était d'une valeur
plus considérable que le dommage prévu. En tous
cas, les frais d'expertise incombent naturellement
au défendeur, puisque le préjudice a été causé
par son fait, et que c'est l'appréciation de ce préjudice qui a donné lieu à l'expertise.

Nous trouvons, dans la législation même, des
exemples de l'estimation par le juge de la caution qui doit être fournie : telle est la caution *ju-
dicatum solvi*, mise par la loi à la charge de
l'étranger demandeur pour assurer, s'il y a lieu,
le remboursement des frais du procès, et que le
juge arbitre.

Cependant si le dommage allégué par le demandeur était imaginaire ou si le chiffre de la

demande était exagéré de mauvaise foi, par rapport au dommage réel, le juge pourrait toujours suivant les cas, soit mettre les frais d'expertise à la charge du demandeur, soit les faire supporter à chacune des parties pour une quotité déterminée.

L'offre par le défendeur de fournir caution, si elle n'affranchit pas le défendeur des frais d'expertise, toutes les fois qu'un dommage sérieux sera justifié, aura cependant pour effet de permettre au demandeur de se libérer en conciliation et dans le cabinet du juge, sans qu'il soit rendu jugement en audience publique. Sur le vu du procès-verbal d'expert ou sur l'estimation du dommage fait et présenté par le juge, le défendeur sera à même de faire des offres pour un chiffre déterminé, comprenant à la fois l'indemnité et les frais d'expertise et de citation ; si ces offres verbales ne sont pas acceptées en conciliation, il pourra toujours les renouveler dans la forme régulière des offres réelles, et c'est alors que le demandeur qui aura imprudemment refusé de les accepter, pourra être condamné aux dépens du jugement qu'il aura rendu nécessaire.

Telle est la forme de procédure qui nous paraît la plus rationnelle et la plus équitable, et qu'il serait aisé de sanctionner par la loi nouvelle.

Quant aux formes de l'expertise, nous estimons qu'il serait aisé de les abréger, en renonçant au système introduit par les arrêts du Parlement. Il suffit d'observer ce qui se passe dans la pratique pour se convaincre que les frais de cette procédure sont généralement frustratoires, et qu'enfin la procédure elle-même, loin de favoriser l'instruction de l'affaire, ouvre la porte aux conflits, aux rancunes et donne lieu à des scènes qui devraient être épargnées à la dignité du juge.

Dans la législation actuelle, trois visites sont prescrites aux experts, avec l'assistance du juge et de son greffier. Il est d'usage que chacune des parties présente un expert ; le juge en commet un troisième. Remarquons qu'il ne serait pas permis au juge de ne commettre qu'un seul expert ; on verrait là une constitution d'arbitre et non une nomination d'expert. Étrange logomachie !

Les experts ordinairement désignés sont presque toujours les mêmes dans ces sortes d'affaires. Quelque peu familiers avec l'esprit de

chicano, ils en connaissent assez bien les res-
sources pour éterniser une affaire de manière à
en tirer le plus large profit. Dans l'espoir de devenir les parasites des parties qui les ont désignés au juge, et de se faire héberger par elles,
ils épousent aveuglément leurs rancunes et se
passionnent même pour la défense des prétentions les moins avouables ou les plus ridicules que
ces parties peuvent mettre en avant. Cette façon
d'agir ajoute au trouble des discussions, surexcite
les parties elles-mêmes, et amène des explo-
sions de colère qui se traduisent par des
injures réciproques ou des menaces. Les choses
en viennent à ce point que les gens les plus
honorables et qui jouissent d'une position indé-
pendante, se gardent bien d'accepter une commission d'expert, dans la crainte de se trouver
mêlés à des scènes désagréables. La présence du
juge même ne suffit qu'à grand'peine à introduire
un peu d'ordre et de calme. Mais c'est surtout
dans les expertises amiables, c'est-à-dire faites
hors la présence du juge, que le tumulte est à son
comble : les violences tiennent alors lieu d'argu-
ment. Qu'on imagine, pour se faire une idée de
cette confusion, que trente ou quarante deman-

deurs se présentent ordinairement pour une seule et même affaire. Ce mode de procédure leur permet de répartir sur une masse, des frais qui seraient trop lourds pour un seul. Cependant une telle procédure n'est pas absolument régulière, et certains juges refusent de l'admettre. On cite un juge de paix qui, ayant refusé de joindre les diverses demandes intentées contre un seul propriétaire, fut obligé de rendre cinquante-neuf jugements.

La procédure usitée en 1778 pouvait se justifier à cette époque : la propriété n'était pas morcelée comme aujourd'hui, et les parcelles de terres que nous voyons réparties entre vingt ou trente propriétaires et quelquefois cent, étaient aux mains d'un seul; on pouvait donc, en raison d'un intérêt considérable, multiplier les expertises de manière à mieux éclairer le juge. Ajoutons que les juges de paix n'étaient pas encore institués, et que les tribunaux étaient généralement fort éloignés des justiciables, les communications beaucoup plus difficiles et les expertises, en présence du juge, difficilement praticables. Mais convient-il de perpétuer ces formalités d'un autre âge ? N'est-il pas préférable de dégager le juge de vaines formalités qui entravent sa mission, et de laisser à sa discrétion le soin de décider s'il convient d'ordonner une expertise par un ou plusieurs experts, ou de procéder lui seul, si cela lui convient, en se transportant sur les lieux litigieux et en s'entourant de renseignements qui ne lui feront jamais défaut?

Cette nouvelle forme de procédure peut parfaitement être réglée par le projet à l'étude, elle rentre d'ailleurs dans le système des auteurs du projet, puisque l'article 4 de ce projet étend la compétence des juges de paix aux *demandes en validité et en nullité d'offres réelles, jusqu'à concurrence du taux des actions personnelles ou mobilières, et des actions immobilières comprises dans leurs attributions.*

V

De diverses anomalies contenues dans la loi du 25 mai 1838, sur la compétence des juges de paix, et des modifications législatives qu'elles exigent.

Nous considérons comme un progrès incontestable et depuis longtemps désiré et attendu, les larges modifications que le projet de loi de MM. Charles Floquet et Parent proposent d'apporter à la compétence des juges de paix, telle qu'elle est réglée par la loi de 1838. Nous serions surtout heureux d'avoir apporté quelques lumières sur d'autres points également importants que les auteurs du projet ont passé sous silence, mais qui n'appellent pas moins une réforme urgente. Aussi nous féliciterions-nous d'avoir provoqué, de la part de nos honorables collègues des tribunaux de paix, un examen plus approfondi et basé sur l'expérience, d'où pourrait surgir un projet de loi complet et parfaitement mûri par l'étude. Cependant nous avouons qu'on pourrait citer encore une foule d'autres points sur lesquels la réforme législative porterait utilement. Ces considérations amèneraient peut-être à demander une refonte générale de la loi du 25 mai 1838, c'est-à-dire une loi entièrement nouvelle, basée sur des principes nouveaux. En effet un simple replâtrage présenterait certains inconvénients dont le moindre serait de jeter le trouble dans la jurisprudence des tribunaux de paix, par la difficulté de concilier les dispositions nouvelles avec les anciens principes qui auraient été maintenus. Mais si une revision générale s'impose ainsi, pourquoi le législateur reculerait-il devant une besogne utile et féconde en résultats par le soulagement qu'elle apporterait aux justiciables?

Nous ne nous dissimulons pas qu'il y a peu de chance que le projet de MM. Charles Floquet et Parent arrive à la discussion dans les Chambres avant de longs mois; mais ce retard n'aura pas été inutile, si le temps est mis à profit par nos magistrats et nos jurisconsultes pour réunir les matériaux d'une bonne loi et en discuter les éléments.

Il n'est pas entré dans notre plan de substituer un projet nouveau à celui de MM. Charles Floquet et Parent ; nous n'oserions pas le tenter d'ailleurs, alors que la question commence à peine d'être mise à l'étude et que la discussion ne laissera pas d'être longue pour être approfondie et fructueuse ; mais qu'il nous soit permis de signaler quelques autres imperfections de l'ancienne législation, qui, selon nous, appellent également la réforme.

Ainsi, en matière d'assurances, il nous paraît utile de décider législativement, pour mettre fin à une longue controverse, que le juge de paix sera compétent pour connaître de la demande en payement de primes échues, alors même que l'importance du titre d'assurance contesté excéderait les bornes de sa juridiction, pourvu que le montant des primes réclamées n'excédât pas le taux de cette compétence.

Le juge de paix autorise la saisie foraine, aux termes de l'article 822 du Code de procédure

civile, il peut même connaître d'une demande en
validité de saisie-gagerie; mais on ne l'autorise
à ordonner une saisie-brandon que lorsqu'elle
est pratiquée par un propriétaire pour avoir
payement de ses fermages; dans tous les autres
cas, ce pouvoir lui est refusé, sous le prétexte
qu'une telle saisie ne peut être pratiquée qu'a-
près commandement et en vertu d'un titre exécu-
toire.

L'article 4 de la loi du 25 mai 1838 admet la
compétence du juge de paix pour le règlement
des indemnités réclamées par le locataire ou fermier pour non-jouissance provenant du fait du
propriétaire; mais seulement *lorsque le droit à
une indemnité n'est pas contesté.* Évidemment
cette distinction n'a plus de raison d'être main-
tenue dans le système du projet de MM. Charles
Floquet et Parent, qui étend la compétence des
juges de paix même aux actions immobilières.

Le projet de MM. Charles Floquet et Parent
nous semble présenter, sur un point particulier,
une contradiction qui devrait en disparaître.
Ainsi l'article 2 de ce projet dispose que le juge
de paix connaîtra des demandes en résiliation de
baux fondées sur le seul défaut de payement des

loyers ou fermages. Telle est en effet la jurisprudence actuelle, et nous ne remarquons pas que le projet ait rien innové à cet égard; mais nous nous demandons quelle est la nécessité de consacrer une distinction qui a sa raison d'être dans la législation actuelle, puisqu'elle exclut les actions immobilières de la compétence des juges de paix, mais qui n'est plus dans le système du projet qu'une anomalie injustifiable, puisque ce projet étend la compétence des juges de paix même aux actions immobilières.

Nous trouvons dans le projet de MM. Charles Floquet et Parent une lacune qui, selon nous, devrait être comblée dans l'esprit de ce projet; elle est relative à la modification des articles 2 et 4 de la loi du 25 mai 1838, dans les termes suivants :

« Les juges de paix prononcent, sans appel, jusqu'à la valeur de 400 francs; et à charge d'appel, jusqu'au taux de la compétence, en dernier ressort, des tribunaux de première instance : sur les contestations entre les hôteliers, aubergistes ou logeurs, et les voyageurs ou locataires en garni, pour dépenses d'hôtellerie et perte ou avaries d'effets déposés dans l'auberge ou dans l'hôtel; entre les voyageurs ou les commerçants et les voituriers ou bateliers, pour retards, frais de route et perte ou avaries d'effets ou marchandises transportés ; entre les voyageurs et les carrossiers ou autres ouvriers, pour fournitures, salaires et réparations faites aux voitures de voyage.

« Les juges de paix connaissent également sans appel, jusqu'à la valeur de 400 francs ; et, à charge d'appel, jusqu'au taux de la compétence, en dernier ressort, des tribunaux de première instance : 1° des indemnités réclamées par le locataire ou fermier pour non-jouissance provenant du fait du propriétaire ; 2° des dégradations et pertes, dans les cas prévus par les articles 1732 et 1735 du Code civil. Néanmoins, le juge de paix ne connaît des pertes causées par incendie ou inondation que dans les limites posées par l'article 2 du projet, c'est-à-dire, en dernier ressort jusqu'à la valeur de 400 francs, et, à charge d'appel, jusqu'à la valeur de 1,000 francs.

L'article 5 de la loi du 25 mai 1838 devrait aussi être modifié comme il suit, pour établir une parfaite concordance dans l'application des principes de la loi nouvelle :

« Les juges de paix connaissent, sans appel, jusqu'à la valeur de 400 francs, et, à charge d'appel, à quelque valeur que la demande puisse s'élever, des actions pour dommages faits aux champs, etc. »

L'article 5, § 3, devrait également être modifié de la même manière, quant au taux de la compétence, en ce qui concerne les contestations relalives aux engagements respectifs des gens de travail, au jour, au mois et à l'année, et de ceux qui les emploient; des maîtres ou des domestiques ou gens de service à gages; des maîtres et de leurs ouvriers ou apprentis.

Même modification pour l'article 5, § 4, quant aux contestations relatives au payement des nourrices, et pour l'article 5, § 5, quant aux actions civiles pour diffamation verbale et pour injures publiques ou non publiques, verbales ou par écrits, autrement que par la voie de la presse; et quant aux mêmes actions pour rixes ou voies de fait, le tout, lorsque les parties ne se sont pas pourvues par la voie criminelle.

Ici nous posons une simple question : Est-il rationnel que le juge de paix, compétent pour connaître des réparations dues à raison de rixes ou de voies de fait, ne le soit pas également à raison de blessures par imprudence?

Aux termes de l'article 6, § 4, de la loi du 25 mai 1838, les juges de paix connaissent, à charge d'appel, des demandes en pension alimentaire, n'excédant pas 150 francs par an, et seulement lorsqu'elles sont formées en vertu des articles 205, 206 et 207 du Code civil.

Nous admettrions volontiers ici que le taux de la compétence du juge de paix, à charge d'appel, fût porté à 600 francs. Il est d'abord incontestable que ceux qui intentent ces sortes d'actions sont rarement assez fortunés pour faire les frais généralement lourds d'une demande devant le tribunal de première instance ; presque toujours ils ont recours à l'assistance judiciaire ; mais l'inconvénient le plus grave pour les malheureux qui aspirent à un tel soulagement, c'est que, malgré toute la célérité que les juges de première instance apportent à ces affaires, celui qui a recours à cette juridiction subit des lenteurs inévitables, sans compter le temps que nécessitent les formalités minutieuses, imposées par le bureau d'assistance judiciaire. L'extension du taux de la compétence du juge de paix remédierait à ces vices de la loi.

Mais l'amendement le plus désirable, c'est que les restrictions apportées par la loi de 1838, en matière de pension alimentaire, disparaissent. Conçoit-on, en effet, que le juge de paix soit compétent pour statuer sur une demande d'aliments intentée par un père, une mère ou un autre ascendant contre leurs enfants (art. 205 du

Code civil), par les beaux-pères et belles-mères contre leurs gendres ou belles-filles (art. 206 du Code civil), ou réciproquement (art. 207 du Code civil), mais qu'il soit incompétent pour statuer, par exemple, sur une demande en pension alimentaire formée par une mère contre sa fille naturelle et son gendre, ou sur celles formées par les conjoints, les frères et sœurs entre eux, les donateurs ou donataires, les pupilles vis-à-vis de leurs tuteurs officieux, etc.?

Il importe enfin que le taux de la compétence indiqué par l'article 7 de la loi du 25 mai 1838, relativement aux demandes reconventionnelles ou en compensation, soit élevé à 400 francs.

Nous n'avons donné ici qu'une esquisse imparfaite des améliorations dont la loi du 25 mai 1838 nous paraissait susceptible ; mais alors même que nous n'aurions réussi qu'à éveiller l'attention générale sur ces graves questions, notre but serait atteint.

L'action du législateur, qui n'est lente que parce qu'elle est sage et prudente, s'exercera d'autant plus facilement et d'autant plus sûrement que la discussion aura été plus large et plus approfondie.

Nous nous adressons donc à nos savants collègues, qui ont vieilli dans l'étude et l'application si délicate et souvent si difficile des lois, pour entreprendre avec eux l'œuvre critique dans laquelle le législateur pourra puiser des éléments qui lui permettront d'édifier un monument législatif durable.

Peut-être notre entreprise sera-t-elle jugée hardie ; mais nous espérons qu'on nous pardonnera d'avoir fait entendre une parole honnête et convaincue.

FIN.

Paris. — Impr. E. Capiomont et V. Renault, rue des Poitevins, 6.

9 782016 166949